Johannes Girmindl

Verzicht

Johannes Girmindl, 1978 in Wien geboren. Singer, Sinner, Songwriter und Schriftsteller, veröffentlicht im Eigenverlag Tonträger, schreibt unentwegt neue Lieder und Geschichten. Zuletzt erschienen: Verzicht (CD), Die Corona-Files.

www.girmindl.at

Johannes Girmindl

Verzicht

Bibliographische Information der Deutschen Nationalbibliothek:

Die Deutsche Nationalbibliothek verzeichnet diese Publikation in der Deutschen Nationalbibliographie; detaillierte bibliographische Daten sind im Internet über http://dnb.dnb.de abrufbar

© 2022 Johannes Girmindl

Herstellung und Verlag: BoD – Books on Demand

ISBN: 9783756222407

Bitte beachten Sie auch die folgenden Seiten

Die Moral ist eine Hure

Eine Sammlung ungewöhnlicher Kurzgeschichten

Taschenbuch 2012

ISBN: 978-3-8482-1504-1

Hot Whiskey

Es stand derselbe junge Mann hinter dem Ausschank wie am Vortag;
„Ale?", war seine Frage, „Stout!", meine Antwort.

Taschenbuch 2014

ISBN: 978-3-7386-0774-1

Konrad & Elise

Ein Kinderbilderbuch über Glück, Tod, Schnipp-Schnapp und Kohlrabi zum
Selberzeichnen.

Großformatiges Taschenbuch 2015

ISBN: 9-783738-650327

Simmering

Ein LokalkriminalRoman

Taschenbuch 2015

ISBN: 978-3-7386-0774-1

Das Mädchen das immer den Teig kosten wollte

Ein Kinderbuch vom Kochen und vom Kosten

Großformatiges Taschenbuch 2016

ISBN: 9-783837-07704-9

All inklusive

Ein Urlaubsroman mit Kriminalfaktor, Ungereimtheiten und anderen Verwicklungen; tägliche Animation inklusive!

Taschenbuch 2016

ISBN: 9-7838370-7717-1

Olga, der Elch

Eine Erzählung für kleine und große Kinder.

Taschenbuch 2016

ISBN: 978-3-7412-9273-6

Blutiger Schnee

Ein Trashroman

Taschenbuch 2016

ISBN: 978-3-8370-5600-6

Burg Semmelstein

Eine Erzählung für kleine und große Menschen.

Taschenbuch 2017

ISBN13: 9-783-7448-3357-8

Der Junggeselle

12 Erzählungen und eine Einleitung

Taschenbuch 2017

ISBN: 978-3-7448-3374-5

Absinth

Fünf dunkle Erzählungen

Taschenbuch 2017

ISBN: 978-3-7448-2953-3

Zweisitzercouch

Falks 40. Geburtstag steht bevor

Taschenbuch 2017

ISBN: 978-3-74604-317-3

Als gäbe es kein Morgen

Ein Episodenroman

Taschenbuch 2019

ISBN: 978-3-7412-7085-7

Der Versicherungsfall

Eine Satire

Taschenbuch 2020

ISBN: 978-3-7504-4122-4

Ebenfalls erhältlich, die mittlerweile vergriffenen

SchneidaRomane:

Mord am Möllplatz, Endreinigung, Familienaufstellung, Sekundenschlaf, Untergrund, Eine Weihnachtsgeschichte, Eine Dame verschwindet, Wallfahrt, Finale

als Sammelband:

Schneida komplett

Sämtliche SchneidaKrimis

Taschenbuch 2021

ISBN: 978—3-7534-9804-1

Schneida – Die Corona Files

Taschenbuch 2021

ISBN: 978-3-7557-5218-9

sowie

Kemmer ermittelt - der neue Heftroman

erhältlich im Fachhandel und auf

www.girmindl.at